Parque Nacional de los

Volcanes de Hawaii

Grace Hansen

Abdo Kids Jumbo es una subdivisión de Abdo Kids
abdobooks.com

abdobooks.com

Published by Abdo Kids, a division of ABDO, P.O. Box 398166, Minneapolis, Minnesota 55439.

052019

092019

Spanish Translator: Maria Puchol

Photo Credits: Alamy, iStock, National Park Service, Shutterstock

Production Contributors: Teddy Borth, Jennie Forsberg, Grace Hansen

Design Contributors: Dorothy Toth, Laura Mitchell

Library of Congress Control Number: 2018968161

Publisher's Cataloging-in-Publication Data

Names: Hansen, Grace, author.

Title: Parque Nacional de los volcanes de Hawaii/ by Grace Hansen.

Other title: Hawai'i Volcanoes national park. Spanish

Description: Minneapolis, Minnesota : Abdo Kids, 2020. | Series: Parques nacionales

Identifiers: ISBN 9781532187629 (lib.bdg.) | ISBN 9781532188602 (ebook)

Subjects: LCSH: Hawaii Volcanoes National Park (Hawaii)--Juvenile literature. | National parks and reserves--Juvenile literature. | Hawaii National Park (Hawaii)--Juvenile literature. | Volcanoes--Hawaii--Juvenile literature. | National parks and reserves--United States--Juvenile literature. | Spanish language materials--Juvenile literature.

Classification: DDC 996.9--dc23

Contenido

Parque Nacional de los Volcanes de Hawaii

Este parque está en la isla de Hawaii, la isla más grande del estado, llamada *Big Island* en inglés.

Los **ecologistas** Lorrin Thurston y el Dr. Thomas A. Jaggar trabajaron para proteger esta zona. Se convirtió en el 13º parque nacional el 1 de agosto de 1916. El presidente Woodrow Wilson aprobó la ley para su creación.

Naturaleza y sus características

Las diferentes **elevaciones** del parque abarcan desde el nivel del mar, hasta lo alto del volcán activo más alto de la Tierra. *Mauna Loa* se eleva a 13,679 pies (4,169 m).

A lo largo de la costa, helechos del tipo *a'e* crecen en las grietas de la endurecida lava. Las tortugas verdes y las raras tortugas carey anidan cerca del mar.

El ganso de Hawaii, también llamado nené, es el ave oficial del estado. Vive principalmente en las regiones bajas del parque.

Los famosos árboles *'ohi'a* crecen a una **elevación** intermedia. Dan unas bonitas flores rojas-anaranjadas y amarillas. Las aves **nativas** dependen del **néctar** de estas flores.

El helecho arbóreo hawaiano crece en el bosque tropical del parque. Estos asombrosos árboles sólo crecen en Hawaii.

Sólo un **mamífero** terrestre es **nativo** de Hawaii y del parque. El murciélago gris hawaiano **se posa** en árboles grandes. Se le encuentra en casi todas las diferentes **elevaciones**.

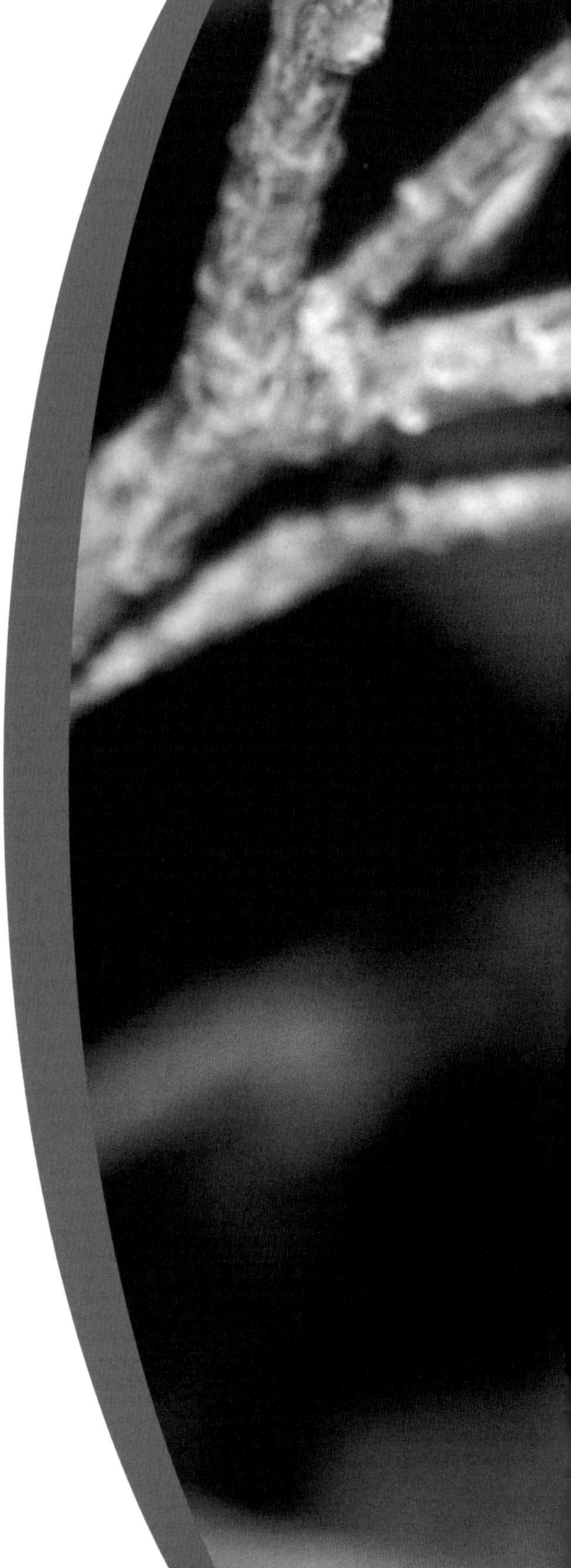

Hay un **volcán en escudo** activo en el parque, *Kilauea*. Es el más activo de los cinco volcanes de la isla.

Actividades divertidas

Disfrutar de actividades culturales, por ejemplo, aprender a hacer un *Haku lei*

Explorar *Nahuku*, ¡un tubo de lava de 500 años en el cráter *Kilauea*

Unirse a una caminata guiada a través del parque

Disfrutar de las vistas al mar y de las encantadoras focas monje

Glosario

ecologista – persona dedicada a la preservación del medio ambiente y la vida salvaje.

elevación – distancia medida desde el nivel del mar.

mamífero – animal de sangre caliente con la piel cubierta de pelo y esqueleto en su interior.

nativo – que nacen o crecen en un lugar determinado.

néctar – líquido dulce que producen las plantas.

posarse – descansar en un posadero.

volcán en escudo – forma de volcán que recuerda al escudo de un guerrero.

Índice

¡Visita nuestra página **abdokids.com** y usa este código para tener acceso a juegos, manualidades, videos y mucho más!